Inhalt

BPM - Business Performance Management

Kernthesen

Beitrag

Fallbeispiele

Weiterführende Literatur

Impressum

BPM - Business Performance Management

I. Zeilhofer-Ficker

Kernthesen

- Business Performance Management stellt die Verbindung von strategischer und taktischer Planung zu den operativen Ergebnissen, also von vergangenen zu zukünftigen Leistungen eines Unternehmens, her.
- Dabei werden nicht nur Ziele und Ergebnisse in Form von Finanzdaten berücksichtigt, sondern auch andere Erfolgskriterien wie Mitarbeiter- und Kundenzufriedenheit, Innovationskraft usw.
- Durch die Anwendung des BPM-Konzepts

erhalten Führungskräfte kontinuierlich alle entscheidungsrelevanten Informationen und Ergebnisse.
- BPM-Software-Lösungen sind momentan noch wenig ausgereift, werden aber stetig verbessert.

Beitrag

Die Anbieter von Business Intelligence Lösungen (BI) verzeichnen entgegen der rückläufigen Geschäftsentwicklung auf dem übrigen Softwaremarkt weiter starke Zuwachsraten. So rechnet IDC mit einem Wachstum des weltweiten BI-Marktes von 2 Milliarden Dollar in 2001 auf 12 Milliarden innerhalb der nächsten drei Jahre. Diese Prognosen werden von den neuesten Geschäftszahlen der meisten BI-Lieferanten bestätigt und sowohl Cognos wie auch Business Objects und Hyperion Solutions melden beachtliche Umsatzsteigerungen. (1)

Treibende Kraft für diese Zuwächse ist der Trend zu Lösungen für das Business Performance Management, die logische Weiterentwicklung von BI. Denn die traditionelle Business Intelligence kann nur historische Daten verarbeiten und aufbereiten, BPM verlangt dagegen die Verknüpfung von operativen

Daten mit den strategischen Zielen eines Unternehmens, den Geschäftsprozessen und dem gesamten unternehmerischen Planungs- und Managementprozess. Es verbindet also die in der Vergangenheit erreichten mit den für die Zukunft erwarteten Ergebnissen eines Unternehmens.

Was ist Business Performance Management

Entscheidungen brauchen Informationen

BPM, von einigen Anbietern auch CPM (Corporate Performance Management) genannt, ist ein Management-Konzept, das sich aus der Notwendigkeit, relevante Geschäftsdaten zur Unterstützung von Entscheidungsprozessen zur Verfügung zu haben, entwickelt hat. Auch der kontinuierliche Soll-Ist-Vergleich braucht entsprechende Daten und Informationen. Schon in den 60er Jahren wurden deshalb "Management Information Systems" (MIS) entwickelt, die aber nichts anderes als riesige Datenberge mit der Möglichkeit zur umständlichen Reportgenerierung darstellten. Ohne Programmierkenntnisse konnte man damit kaum etwas anfangen. Bis der benötigte Report vom Firmeninformatiker endlich geschrieben war, brauchte man schon lange ganz andere Informationen. (1)

Heutzutage versuchen die meisten Unternehmen der Datenflut über Data Warehouses mit Query-Funktionen Herr zu werden. Tausende von Analysten basieren ihre Schlussfolgerungen immer noch auf Excel-Spreadsheets und die meisten Entscheidungsträger eines Unternehmens werden nach wie vor mit Daten zugemüllt. Erst nach aufwendigen und komplizierten Analysen stehen die entscheidungsrelevanten Informationen tatsächlich zur Verfügung. Oft ist dieser Prozess so zeitraubend und umständlich, dass Manager ganz darauf verzichten und Entscheidungen stattdessen "aus dem Bauch heraus" treffen. (2)

Der Unterscheidung von Daten und Informationen kommt daher eine Schlüsselfunktion für das Management von Geschäftsergebnissen zu. So muss ein Geschäftsführer nicht den Umsatz eines Produktes auf Heller und Pfennig kennen, wichtig ist für ihn, ob das Umsatzziel erreicht, über- oder unterschritten wurde und was die Gründe für die Abweichungen sind. Nur dann können die richtigen Gegenmaßnahmen eingeleitet oder die

Unternehmensziele angepasst werden. (2)

Finanz-Ergebnisse allein reichen nicht

Das BPM ist ein in sich geschlossener Kreislauf, der mit der Findung von Firmen-Vision und -Strategie beginnt. Hiervon leiten sich die Unternehmensziele ab, die nach Machbarkeitsprüfung und Modellierung mit verschiedenen Szenarien in der Planung festgeschrieben werden. Die Planziele werden kontinuierlich mit den Ist-Werten verglichen, damit Abweichungen analysiert und Korrekturmaßnahmen ergriffen werden können. In der Vergangenheit wurde dabei das Hauptgewicht auf Finanzdaten wie Umsätze, Gewinn oder Cashflow gelegt, ohne genügend zu berücksichtigen, dass andere, nicht finanzielle Faktoren enorme Auswirkungen auf den wirtschaftlichen Erfolg eines Unternehmens haben und deshalb ebenso überwacht und kontrolliert werden müssen. (3)

Während bisherige Business-Intelligence-Lösungen Reporting und Analyse von Finanzdaten noch recht gut unterstützen, versagen sie bei der Einbindung von immateriellen oder schlecht messbaren Kriterien wie Innovationskraft oder Mitarbeiterzufriedenheit total.

Gerade aber die nicht greifbaren Firmenwerte wie das Wissen und die Motivation des Personals, die Service und Produktqualität, die Organisationsstruktur etc. sind ausschlaggebend für die Ergebnisse eines Unternehmens. Auch die Effizienz und Effektivität der verschiedenen oft abteilungs- oder firmenübergreifenden Geschäftsprozesse spielen eine große Rolle.

BPM verbindet Reporting und Analyse mit strategischer, taktischer und operativer Planung

Immer mehr Unternehmen bedienen sich für das Management der nicht-finanziellen Firmenziele und für das Process-Engineering sehr erfolgreich der Methoden von Balanced Scorecard, Strategy Maps oder ähnlicher Tools. Es wird der Ist-Zustand dargestellt und strategische und taktische Ziele und Vorgehensweisen werden definiert, die zum Erreichen des Soll-Zustand führen sollen. Zusammen mit der sorgfältigen Analyse aller Unternehmensprozesse sowie der Organisationsstrukturen ist das der erste Schritt zum BPM. (2),

Dann werden Abhängigkeiten oder Konkurrenzsituationen von Mitteleinsatz, Prozessen und Organisationen evaluiert und die Geschäftsziele und Strategien je nach Vorstellung des Managers modelliert und angepasst. Für den Erfolg von BPM ist es vor allem wichtig, die Schlüsselkriterien - auch Key Performance Indicators (KPI) genannt - für die Zielerreichung herauszuarbeiten und bekannt zu machen. (4)

Die festgelegten Ziele, Strategien und Schlüsselkriterien werden im Geschäftsplan festgeschrieben und auf der operativen Ebene auf die einzelnen Arbeitsgruppen und Mitarbeiter heruntergebrochen. Durch den kontinuierlichen Abgleich der Ziele mit den Ist-Werten und der Analyse von Abweichungen wird ein sofortiges Gegensteuern durch entsprechende Maßnahmen ermöglicht.

Da jeder Mitarbeiter eines Unternehmens einen Beitrag zum Unternehmenserfolg leistet, ist es wichtig, dass die Schlüsselkriterien und Firmenziele bei allen Mitarbeitern bekannt sind und auch, wie der individuelle Beitrag zum Erreichen der Ziele aussieht. Die Möglichkeit aller Mitarbeiter auf alle relevanten Informationen zuzugreifen hilft, dass jeder zu jeder Zeit über die Informationen verfügt, die er zur Erreichung des Ziels gerade braucht.

Warum wird BPM immer wichtiger

Die spektakulären Firmenzusammenbrüche der vergangenen Monate, die bekannt gewordenen Bilanzmanipulationen und die Baisse auf sämtlichen Börsenmärkten der Welt haben den Beweis erbracht, dass Umsatz- und Gewinnzahlen allein keine zutreffende Aussage über die Leistung eines Unternehmens liefern können. Der mit BPM mögliche ganzheitliche Blick auf das Unternehmen ist gefragt, um Chancen und Risiken für die Zukunft besser abschätzen zu können. (5)

Die bis zum Jahr 2005 zwingend vorgeschriebene Umstellung der Jahresabschlüsse auf IAS (International Accounting Standards) sowie die härteren Ratingvorgaben durch Basel II verlangen mehr und aussagekräftigere Informationen. Durch den Sarbanes-Oxley-Act sind Manager von in den USA notierten Unternehmen gezwungen, für veröffentlichte Unternehmensergebnisse mit ihrer Unterschrift zu bürgen und persönlich für Falschinformationen zu haften. Auch in Europa sind Bestrebungen im Gange, Führungskräfte mehr in die persönliche Haftung zu nehmen. (1), (5)

Diese externen Anforderungen zwingen den

modernen Manager dazu, Wege zu besseren, fundierteren und aussagekräftigeren Informationen zu finden. Um die richtige Entscheidung treffen zu können, welche Investition beispielsweise das größere Zukunftspotenzial besitzt oder welche Prozessänderung Kosten einsparen wird, braucht der Entscheider die richtigen Informationen. Durch den ganzheitlichen Ansatz von BPM hat der Manager das ideale Werkzeug für alle Planungs- und Entscheidungsprozesse in der Hand, das alle relevanten Faktoren involviert und die Ergebnisse kontinuierlich überprüft.

Technische Lösungen

Die relativ einfach formulierte Anforderung, operative Ergebnisse mit Plan- und Budgetzahlen abzugleichen, stellt sich in der Praxis häufig als schwer durchführbar heraus. Meistens sind die operativen Daten aus den diversen ERP- oder CRM-Systemen schon in Data Warehouses konsolidiert. Die für BPM nötigen Echtzeit-Abfragen sind dadurch aber kaum möglich. (1)

Die führenden Anbieter auf dem BPM-Markt haben deshalb Plattform-Lösungen entwickelt, die online

Reporting- und Analysefunktionen mit entsprechenden Planungs- und Budgettools verbinden. Auch Scorecarding-Produkte gehören bei manchen Anbietern bereits zur BPM-Palette. (6)

Obwohl theoretisch alle BPM-relevanten Funktionen zur Verfügung stehen sollten, hängt der Nutzen in der Praxis doch sehr vom eingesetzten ERP- oder CRM-System ab. Oft sind die verfügbaren Daten alles andere als homogen, womit einige BPM-Lösungen noch ihre Probleme haben. Auch weisen manche Analyse-Funktionen oder Planungstools Schwachstellen auf. Insgesamt muss man feststellen, dass alle BPM-Lösungen noch nicht wirklich ausgereift sind. (4), (7)

Fallbeispiele

Eine ganze Reihe von Unternehmen versprechen sich einen Anteil am wachsenden BPM-Markt. Der größte Teil davon kommt aus dem Gebiet der Business Intelligence, in letzter Zeit gibt es aber auch Anbieter, die aus der Ecke Prozessmanagement/Ablaufüberwachung kommen.

Eine komplette Liste aller Anbieter ist in dem Special "Business Performance Management" der virtuellen Messe für kaufmännische Softwarelösungen www.business-software-expo.de im Internet zu bekommen. Dort findet man auch eine Reihe von detaillierten Praxisbeispielen und Case Studies. (9)

Die drei Marktführer für BPM-Lösungen kommen aus der Business Intelligence. Die Stärken von Hyperion (www.hyperion.de) liegen in den "OLAP"-Anfragen (Online Analytical Processing) sowie im Bereich Planung. Auch Cognos (www.cognos.com) vertreibt ausgereifte Reporting- und Analysetools, die vorhandenen Lücken im Planungs- und Budgetierungsbereich sollen durch den Zukauf von Adaytum geschlossen werden. Business Objects muss seine Lösung im Planungsbereich ebenfalls noch verbessern. (4)

Brio Technology bietet neben Web-Client-Support eine Balanced-Scorecard-Funktion für seine Business Performance Suite. (7) SAP und Microsoft haben angefangen, die Managementfunktionen ihrer ERP- und CRM-Systeme zu erweitern und zu verbessern, um einen größeren Anteil des BPM-Markts zu gewinnen. (1)

Weiterführende Literatur

(1) Business-Intelligence-Markt im Umbruch Wissen ist nicht gleich Wissen
aus Computerwoche, 02.05.2003, Nr. 18, S. 22-23

(2) Neely, Andy / Marr, Bernard / Ross, Göran / Pike, Stephen / Gupta, Oliver, Towards the Third Generation of Performance Measurement, Controlling, Heft 3-4/2003, S. 129 - 135
aus Computerwoche, 02.05.2003, Nr. 18, S. 22-23

(3) Besserer Informationsfluss - Planung, Reporting und Analyse
aus is report, Heft 4/2003, S. 29-31

(4) Niklowitz, Matthias, Geschäftsplanung statt nur Umsatzstatistiken, HandelsZeitung, 21.05.2003
aus is report, Heft 4/2003, S. 29-31

(5) Handel muss planen
aus Lebensmittel Zeitung 18 vom 02.05.2003 Seite 032

(6) Handel muss planen
aus Lebensmittel Zeitung 18 vom 02.05.2003 Seite 032

(7) Business-Performance-Management tritt in den Fokus Trend ist die Erfassung aller Firmendaten
aus Computer Zeitung, Heft 11, 2003, S. 20

(8) Kooperation bei BI-Lösungen
aus Computer Zeitung, Heft 21, 2003, S. 13

(9) Business-Intelligence-Markt im Umbruch Wissen ist nicht gleich Wissen

aus Computerwoche, 02.05.2003, Nr. 18, S. 22-23

Impressum

BPM - Business Performance Management

Bibliografische Information der deutschen Nationalbibliothek

Die Deutsche Nationalbibliothek verzeichnet diese Publikation in der deutschen Nationalbibliografie; detaillierte bibliografische Daten sind im Internet über http://dnb.d-nb.de abrufbar.

ISBN: 978-3-7379-0152-9

© 2015 GBI-Genios Deutsche Wirtschaftsdatenbank GmbH, Freischützstraße 96, 81927 München, www.genios.de

Alle Rechte vorbehalten. Dieses Werk ist einschließlich aller seiner Teile – z.B. Texte, Tabellen und Grafiken - urheberrechtlich geschützt. Jede Verwertung außerhalb der Grenzen des Urheberrechtsgesetzes bedarf der vorherigen Zustimmung des Verlags. Dies gilt insbesondere auch für auszugsweise Nachdrucke, fotomechanische Vervielfältigungen (Fotokopie/Mikroskopie), Übersetzungen, Auswertungen durch Datenbanken oder ähnliche Einrichtungen und die Einspeicherung und Verarbeitung in elektronischen Systemen.